AF296309

DU
321

HAYTI
RECONNAISSANTE

EN

RÉPONSE A UN ÉCRIT,

IMPRIMÉ A LONDRES,

ET INTITULÉ:

L'EUROPE CHATIÉE,

ET

L'AFRIQUE VENGÉE,

OU

Raisons pour regarder les Calamités du Siècle comme des Punitions infligées par la Providence pour la Traite en Afrique.

Par S. E. M. le Comte de Rosiers.

A SANS-SOUCI,

De l'Imprimerie Royale,

Année 1819, la 16e de l'indépendance.

PiL
3.1

HAYTI

RECONNAISSANTE

EN

RÉPONSE A UN ÉCRIT INTITULÉ:

L'AFRIQUE VENGÉE,

ET

L'EUROPE CHATIÉE, etc.

Nisi Dominus ædificaverit domum, in vanum laboraverunt qui ædificant eam, V.—1. Ps.—126. Si le Seigneur n'édifie lui-même une maison, en vain travaillent ceux qui la bâtissent.

VERTUEUX PHILANTROPES, ILLUSTRES ÉCRIVAINS DE TOUS LES PAYS !

Ils avaient construit sur un sable mouvant, et il était dans les décrets éternels que tôt ou tard ils devaient périr sous les décombres de l'édifice, ceux qui, tant en Afrique qu'en Amérique, avaient érigé un temple aux mangeurs de chair humaine et aux buveurs du sang innocent, car la majesté de celui qui s'est déclaré, au bruit du tonnerre, protecteur du faible et vengeur de l'opprimé, de celui aux yeux du quel les mortels sont égaux, ne pouvait être éternellement insultée ; mais vous, hommes favorisés du Ciel, vous, organes des malheureux, vous, images vivantes du vrai Dieu dont vous retracez, ici bas, la justice et la bonté, vous avez bâti sur des bases impérissables ; votre monument s'est élevé comme les cèdres du Liban et comme les cyprès de la montagne de Sion, (1) l'arbre d'humanité que vous avez planté a poussé ses branches en haut, comme les palmiers de Cadès et comme les rosiers de Jéricho, (2) et votre vertu, en répandant sa réputation d'un bout du pôle à l'autre a exhalé une senteur de parfum pareille à celle de la canelle et du baume et une odeur aussi suave que celle de la myrrhe la plus exquise : (3) car les œuvres du juste, semblables à celles du Très-

____

(1) 3e leçon.
(2) id.
(3) id.

Haut, ne périront jamais. Qu'il est beau le ministère saint auquel vous avez dévoué vos travaux et vos soins ! consacrer ses talens et ses veilles à l'amélioration du sort de l'espèce humaine, n'est-ce pas imiter la Divinité, et se rapprocher plus particulièrement de cette source céleste dont nous tirons notre origine ?

Réjouissez-vous, immenses et infortunées régions de l'Afrique ! et vous, rivages si long-temps persécutés de ma chère patrie ! faites retentir les échos de vos cantiques de louanges et de remercimens ; les cris du faible et de l'opprimé ont percé les voûtes du Ciel, l'Éternel en a été attendri, et il leur a accordé sur la terre des défenseurs zélés, et de puissans protecteurs : oui, les temps de la justice sont arrivés, les horribles plaies de l'humanité vont se cicatriser, et lorsque la philantropie, du haut du rocher de la Grande-Bretagne, élève une pyramide à l'humanité vengée, la volonté du Très-Haut est près de s'accomplir entièrement.

Qui pourra tremper mes pinceaux dans l'onde destinée aux filles de mémoire pour être dignement l'interprète de ce Royaume, et transmettre l'expression des sentimens qui ont tour à tour agité l'âme de notre auguste Monarque à la lecture de l'écrit ci-dessus cité? Hélas ! trop jeunes encore dans la carrière des belles-lettres nous savons mieux sentir qu'exprimer; mais, n'importe , notre langage ne pourra ni vous déplaire, ni n'être point conçu par des âmes aussi sublimes que les vôtres, car il est connu de tous les peuples et de tous les pays, c'est celui de la reconnaissance et de la sensibilité. Son secours nous suffira, heureux si , semblable à ce ruisseau, Pactole de ma patrie, dont le gravier roule avec lui des paillettes de l'or le plus fin, sa douce influence répand quelques unes de ces précieuses parcelles sur le cours de cet écrit, non pour le vain désir de briller , mais pour célébrer les travaux des personnages vénérables qui sont sur la terre, les ministres d'un Dieu de paix, de justice et de bonté, et ses augustes représentans auprès de l'humanité souffrante.

Non-seulement nous pensons , ainsi que l'ont judicieusement observé, et victorieusement prouvé les Auteurs de l'écrit intitulé: *l'Europe Chatiée, etc. etc.* que les grandes calamités, qui ont si long-temps pesé sur les divers états du Continent Européen, ne proviennent que de l'énormité de leurs crimes envers l'Afrique et l'Amérique, mais encore nous croyons fermement que, si ce juste châtiment de trois siècles d'attentats contre l'espèce humaine ne leur eût été infligé, il eût été à craindre qu'étonnées du silence de la céleste justice et du cours impuni de cette impiété, les nations n'eussent demandé : où est leur Dieu ? (1) ce Dieu qui tire l'indigent de la poussière, et relève le pauvre de dessus le fumier, (2) ce Dieu qui a renversé les grands de leurs trônes, et a élevé les petits, (3) ce Dieu, qui a rempli de biens ceux qui souffraient enfin la faim, et a renvoyé vides et pauvres ceux qui étaient riches ? certes, si ces fléaux politiques, si follement et si orgueilleusement décorés du titre de raisons d'état, pouvaient exister éternellement, au désordre physique et morale, au bouleversement des principes et des idées, à la subversion totale des lois divines et humaines qu'ils entraînent de toutes parts, on

____

(1) v. 10. ps. 113.
(2) v. 6 ps. 112.
(3) v. 7 magnificat.

ne reconnaîtrait plus l'ordre, l'équilibre, l'u-
nité des poids et mesures et celle des fins qui
constituent principalement l'essence du divin
créateur et le caractérisent. En effet, le moyen
de concevoir l'idée d'un Dieu tout-puissant,
si vous ôtez de ses mains la balance céleste
qui est son attribut par excellence! non, non.
l'Etre Suprême, la bonté même, n'a pas créé
une partie de ses enfans pour être la victime
de l'autre, et pour se laisser insulter lui-
même, dans la plus belle de ses œuvres ;
sa justice, pour marcher à pas lents, n'en
n'atteint pas moins le coupable ; eh! qui peut
échapper ni à l'œil vigilant, ni à la verge de
l'Eternel ? De ce que son courroux reste
long-temps muet, s'ensuit-il qu'il nous ait
privés de son secours ? non, sans doute,
il veille sans cesse à nos destinées. Même à
défaut de ces grands coups d'éclat par lesquels
il déploye la force de son bras, et dissipe les
desseins que les superbes formaient dans leurs
cœurs, son assistance nous accompagne, il est
dans notre âme. Oui, notre conscience est
ce Dieu, ce juge sévère qui nous parle sans
cesse, et ses remords, lorsque nous outra-

geons les lois divines et humaines, sont un châtiment avant-coureur de la foudre. Heureux qui écoute ces avertissemens, profite de la voix secrète de sa conscience, expie ses fautes, et devient plus juste!

C'est ce que vient de faire avec tant de noblesse et de dignité la nation Britannique. Est-il un tableau plus imposant, plus majestueux, plus digne des regards de la Divinité que cette grande et vieille nation avouant, à la face de l'univers, ses torts envers l'Afrique et l'Amérique, abolissant non-seulement chez elle l'infâme trafic de chair humaine, mais sollicitant, requerrant partout cette abolition, et offrant le moyen le plus prompt comme le plus efficace d'en faire disparaître jusqu'au moindre vestige? Quelle vraie grandeur dans cet abaissement religieux! c'est alors qu'on s'apperçoit que la vertu n'est point bannie de la terre, que la justice éternelle arrive à ses fins par des voies étonnantes et admirables, et qu'on s'honore de porter le nom d'homme. En vain on fouillerait dans les annales du monde entier, nulle part on ne trouvera un pareil exemple de repentir et de générosité, et l'on ne peut se rendre raison d'un changement si surprenant qu'en reconnaissant le doigt d'un Dieu marqué en faveur de l'innocent. C'est lui qui a inspiré ce dessein sacré à un peuple aussi profond que sage, et qui lui a donné le courage de l'exécuter.

Déposons notre encens aux pieds des bienfaiteurs de l'humanité ; bénissons leur ouvrage ; rendons hommage aux vertus du grand empereur Alexandre auquel rien de ce qui appartient à l'humanité ne peut être indifférent, que dis-je ! Qui a pensé que cette même étoile du Nord qui venait de briller avec tant d'éclat sur la scène de l'Ancien Monde, devait aussi sur le Nouveau exercer sa bienfaisante influence ? Quel est donc ce mortel étonnant qui s'est solennellement déclaré le protecteur de l'opprimé et le défenseur de notre cause ? ainsi l'exemple d'une générosité égale à la puissance aura été donné par le Souverain d'un empire qui vient de contribuer au salut du reste de l'Europe.

Parle, achève, ô mon Dieu ! ce sont là de tes coups.

(11)

Généreux Philantropes et Écrivains de tous
les pays, vous qui, guidés par des principes sublimes de droiture et par des sentimens libéraux,
avez pour but d'encenser les autels de la religion
et de l'humanité, et de graver vos noms sur
ces bases inébranlables, entendez les concerts
de louanges, de reconnaissance et d'applau-
dissement qui partent du vaste sein de l'Afrique, et sont répétés dans les champs de
ce Royaume. Quelle plus digne récompense
de vos soins qu'un hommage si pur, si
solennel ! il ne diffère en rien de celui que
toutes les créatures vivantes, dès l'aube du
jour, adressent à la Divinité à laquelle votre
pieux ministère vous rend si fort ressemblans.
Bienfaiteurs magnanimes de vos contempo-
rains et des générations futures, puisque le
cratère du volcan de la traite en Afrique, tout
en effrayant notre siècle de ses éruptions
horribles, réserve la même lave aux siècles à
venir, vous avez déjà beaucoup fait, faites
encore plus ; c'est aux âmes bien nées qui ont
obtenu l'abolition du criminel trafic de la chair
humaine qu'il appartient de consommer dignement cette œuvre d'humanité ; il est de votre

dignité d'appuyer la reconnaissance de l'indépendance d'Hayti ; c'est le nouveau fleuron à
ajouter à la couronne que vous venez d'acqué-
rir. Il est si doux de faire le bien, et les fruits
qu'on en retire sont si précieux.

Oui, Illustres Philosophes et Ecrivains de
tous les pays ! après en avoir tant fait pour
le bonheur de l'humanité , poursuivez votre
auguste ouvrage ; nul peuple n'ayant été mar-
tyrisé ainsi que nous , nul ne mérite autant
l'amélioration de son sort, et n'a plus de droits
aux pieuses sollicitudes des âmes sensibles et
bienfaisantes. Douter que vos véritables inten-
tions ne soyent de substituer à la couronne
d'épines qui a si long-temps meurtri nos têtes
les rameaux salutaires de l'arbre de l'indépendance, ce serait faire une offense sanglante
à la délicatesse et à la pureté de vos sentimens,
car les derniers soupirs du monstre affreux de
la traite en Afrique sont le signal du premier
pas vers la reconnaissance de notre indépendance et l'aurore du jour heureux qui va
joindre à la Grande-Bretagne une belle partie
de ce Nouveau Monde par des nœuds aussi
saints qu'indissolubles, ceux de la reconnais-

sance; jusqu'ici l'on avait considéré comme une chimère en politique le beau projet d'une paix générale, cependant, grâce aux efforts de la philantropie, ce projet vient de se réaliser, pourquoi s'obstinerait-on à regarder comme impossible une chose d'une exécution plus facile, je veux dire le spectacle de l'Ancien Monde cherchant à s'assurer l'affection du Nouveau par l'empire des bienfaits ? Quelle puissante présomption en faveur de votre zèle, généreux Philantropes, et de l'article du traité qui, en présence de Leurs Majestés Impériales et Royales de l'Europe, va bientôt stipuler qu'Hayti est reconnue et déclarée libre et indépendante ! cette décision magnanime et solennelle est plus probable qu'une criminelle résolution qui entreprendrait de courroucer de nouveau l'Etre Suprême. Une cruelle expérience doit avoir rappelé les hommes à des sentimens plus libéraux Il n'est pas un monarque européen qui, au souvenir de ce qui s'est passé, et à la vue de ce qui se passe peut-être aujourd'hui, ne sente la nécessité de respecter l'homme et d'être avare de son sang, et il n'est aucun amateur.

de la traite, de l'esclavage, et de l'oppression
du genre humain dont le cœur ne soit sans
cesse bourrelé. Si le torrent des passions ou
la fougue des préjugés entraîne à une faute,
l'homme rendu à lui-même, rentrant dans sa
conscience, l'interroge, et sent cette faute;
il ne lui reste plus que le bon esprit de la
réparer. Ce retour d'humanité, ces remords
salutaires existent en tout temps, et sont les
bases sur lesquelles repose la loi naturelle
qui n'est elle-même que le résumé de la raison,
ce beau présent de la Divinité qu'il lui a plu,
pour nous dédommager de son invisibilité, de
nous donner en partage. Or, que nous dit la
loi naturelle, ou la raison réduite en principe?
ce que nous prescrit la religion chrétienne :
*Ne fais pas à autrui ce que tu ne voudrais
pas qu'on te fît à toi-même.* Aussi cette voix
auguste se fait-elle entendre à tous les cœurs
et dans tous les pays du monde ? A-t-il jamais
existé un individu qui ait pu dire froidement
dans le fond de son âme ? quel doux plaisir
que celui d'égorger l'innocent ! Quel charme
on éprouve à opprimer l'être faible et sans

défense ! Quelle joie d'aller assassiner ce nouveau peuple, et de nager dans les flots de son
sang ! Quel tableau enchanteur que celui de
ces ruines, de ces débris ! Que ces monceaux
de morts l'un sur l'autre entassés, ces enfans
expirans sur le sein de leurs mères encore
palpitantes, ces cendres, ces lambeaux ensan-
glantés flattent agréablement ma pensée et
mes regards ! cet être infernal est hors de
la nature, car le crime, même en persécutant
la vertu, l'estime et la respecte intérieurement.
Ainsi, l'homme peut bien s'écarter des principes de la religion et de la raison, mais il ne
peut échapper à sa propre conscience, ce juge
sévère est dans son cœur, il y remplace l'Etre
Suprême. Ah ! sans attendre que de nouvelles
calamités fassent ici frémir la nature, et par
conséquent que les effets de la céleste colère
s'appésantissent de nouveau sur l'Europe, que
chacun de ses habitans rentre dans son cœur !
il y trouvera son Dieu, c'est le sanctuaire où
siège ce maître ou plutôt ce père commun des
mortels. Il y verra gravés, en traits indélébiles,
les principes qui vous animent pour la libéra-
tion entière de notre pays et pour l'affran-

chissement définitif de ce Royaume. Quel peuple a plus mérité que nous votre puissante intervention, et a acquis plus de droits au retour de l'Ancien Monde aux vrais sentimens de religion et d'humanité ? Parcourez, pour un moment, en idée, le cercle de supplices autour duquel a sans cesse tourné notre douloureuse existence, sondez la profondeur de l'enfer anticipé qu'on appelle esclavage, osez soulever les lambeaux qui couvrent cette plaie horrible, ah ! de quel frisson d'horreur vos âmes indignées ne seront-elles pas atteintes ? Hé bien puisque vos mains saintement enhardies ont écarté un des plis de ce voile d'iniquité, poursuivez votre tâche glorieuse ; que rien n'arrête le cours de votre zèle officieux ! Mais quel spectacle, grand Dieu ! s'offre bientôt à vos regards ? ô honte de l'humanité ! ô crimes qui surpassent tout ce que l'imagination peut s'en former ! ... Quel est ce spectre, cette ombre ambulante qui s'achemine, à pas lents, vers le tombeau, seul terme de ses longues souffrances ? sa tête, que des cheveux blancs rendent si respectable, lui

retombe

retombe sur le sein, ses genoux fléchissans
se dérobent sous le poids de sa chétive existence,
il soupire, il lève, de temps en temps, vers
le ciel des yeux qui l'implorent et citent à
son tribunal les auteurs de ses maux, par un
effort pénible il se penche vers la terre, et
semble disputer aux plus viles insectes quelques débris de leur misérable proie, c'est ce
vieillard vénérable, si digne d'un meilleur
sort qui, après avoir, durant tout le cours
de sa vie, engraissé de ses sueurs et de son
sang un maître avare et impitoyable, reçoit
cet affreux salaire de ses travaux. Non loin
de lui quelle femme, pressant son nouveau
né sur un sein desséché, adresse à l'Eternel
un de ces regards qui ne peuvent être compris
que par une tendre mère tremblante pour les
jours de son fils, en voyant son lait tari
jusques dans sa source ? c'est cette esclave
industrieuse qui reçoit ainsi le digne prix de
ses services et de sa fécondité. Près d'elle
n'appercevez-vous pas cette jeune fille dont la
vue fixe et immobile repose machinalement
sur une eau qui s'enfuit ? elle rêve à la liberté;

cet espoir seul la soutient, trop heureuse si
ses déplorables jours s'écoulaient aussi rapi-
dement que le cours de ce canal. Embrassez
l'ensemble de la perspective qui vient de se
dérouler, consultez les attitudes, les gestes,
l'air abattu et les divers signes de désespoir
des personnages exposés en scène, tout fait
frissonner d'indignation, tout révolte la nature,
tout prononce ces mots qui ont enfin percé la
voûte des cieux : « Tyrans, corrupteurs de
l'Afrique, bourreaux de l'Amérique, oppres-
seurs du faible, assassins de l'innocent, ce
n'était pas assez que votre perfidie nous eût
enlevé, en un seul jour, foyers, patrie,
famille, amis, parens, il a encore fallu que
votre insatiable cupidité, après nous avoir fait
éprouver toutes les horreurs de la déportation
la plus cruelle, nous réservât au long martyre
de l'esclavage, de l'esclavage !... sent-on bien
la force et l'étendue de ce mot ? Sait-on com-
bien de forfaits il renferme à lui seul ? Quoi !
cesser d'être soi-même, y renoncer ainsi qu'au
nom, à la qualité et aux prérogatives de l'homme,
cesser d'être maître de l'exercice de ses membres
et de ses fonctions tant phisiques que morales

pour son propre intérêt, être forcé de les sacri-
fier entièrement à la volonté, aux caprices, à
l'avantage unique d'un maître injuste et san-
guinaire, ne procréer des enfans que pour leur
laisser, en héritage, le sort barbare auquel on
est soi-même assujetti ! c'est le comble du
crime et de la scélératesse. Un Dieu vengeur
de l'opprimé fera, un jour, tomber sur vous
un déluge de soufre, et vous vous repentirez,
mais trop tard, d'avoir été sourds à la voix de
la justice et de la pitié ! » Philantropes et
Ecrivains Vertueux, déjà vous reculez d'horreur, et détournez vos yeux de ces tableaux
effrayans, que serait-ce s'il eût fallu suivre,
pas à pas, le monstre du système colonial dans
tous les détours de son labyrinthe infernal ?
Tel est cependant l'abrégé, oui le court abrégé
du sort des malheureux haytiens, avant que
l'excès des crimes et de l'injustice ne les portât
à secouer le joug pour révendiquer leurs droits
sacrés et imprescriptibles. Après vous avoir
présenté une des têtes de l'hydre de l'esclavage,
il importe de vous exposer par quelles épreuves
cruelles nous sommes arrivés à l'état d'indépendance et à la fondation d'un trône, le plus

sûr garant de notre salut. L'incendie, la des-
truction, la famine et la peste, voilà par quels
degrés nous sommes parvenus à ce point
de consistance politique dont nous jouissons
aujourd'hui. Et l'on voudrait nous ravir le fruit
de trente ans de travaux et de souffrances !..
Ah ! quand Satan lui-même exercerait, ici
bas, son empire, il ne pourrait se livrer à une
conception plus scélérate, ni exécuter une
résolution plus diabolique. Avant que de voir
réussir une pareille entreprise, on aura vu
le dernier d'entre nous adressant son dernier
soupir à l'indépendance et à la monarchie
haytienne.

Vous donc qui, par esprit de morale et de
religion, vous sentez appellés à porter au tribunal des potentats de l'Europe la cause de
l'Afrique et d'Hayti, jettez un œil de
bienveillance sur ce Royaume ; ne souffrez
pas que l'effusion du sang, la violence
et l'oppression y offensent, de nouveau, le
Seigneur, et y insultent à sa propre image en
notre espèce. Voyez notre auguste Monarque,
après avoir été un rare exemple de fidélité envers une Mère-Patrie toujours injuste, et avoir

épuisé tous les moyens de conciliation compa-
tibles avec son honneur et le salut de ses con-
citoyens , soutenir , avec la constance et l'âme
inébranlable d'un héros , la guerre la plus opi-
niâtre et la plus sanglante dont l'histoire nous
ait jamais transmis la relation , et ne suspen-
dre son épée aux autels de la Victoire que
pour ouvrir le temple de la Justice et le sanctuaire des beaux arts ; voyez , par ses généreux soins , le génie du mal éteint , le monstre
de l'anarchie étouffé , la morale épurée , les
autels de la religion relevés , la pureté des
mœurs sévèrement exigée , les principes libéraux de la vertu remis en honneur , l'ordre ,
cette première loi du Ciel selon Newton ,
religieusement rétabli , la discipline et l'obéis-
sance expressément recommandées et rigou-
reusement observées , une constitution vrai-
ment appropriée à nos mœurs , à notre climat
et aux circonstances dans lesquelles nous
vivons achevée et promulguée , un trône majestueux , rempart de nos droits et de notre indépendance , élevé là où l'affreux esclavage et
l'insatiable cupidité avaient fondé leur empire,
une armée aguerrie soldée et entretenue , des

campagnes luxuriantes et des montagnes couvertes d'opulentes récoltes, des maisons d'Institution Publique établies de toutes parts, la tactique militaire, les arts et les sciences mis en vigueur, voilà les principaux traits auxquels on doit reconnaître le génie profond de notre Souverain ; c'est le premier usage qu'il a fait de sa puissance. Quel triomphe pour la philantropie ! Quel objet plus digne de fixer les soins de son ministère ! s'il est vrai que la civilisation de l'Afrique soit un point précieux pour le zèle et l'âme sensible des philantropes, où trouver une plus brillante perspective, où fonder un espoir plus certain que dans la reconnaissance de l'indépendance d'Hayti ?

N'en doutez pas, Illustres Écrivains, la nation européenne qui, la première a aboli la traite en Afrique et s'occupe de sa civilisation, a attaché à son trident la clef d'or des Indes Occidentales. Il est plus beau de s'assurer la suprématie dans le grand commerce du monde entier, surtout par le pouvoir si puissant des bienfaits, que de resserrer la sphère de son activité, en se bornant à quelques petits points, dans la seule vue d'y exercer une autorité tyrannique, dont les conséquences sont si funestes.

La céleste bonté, en inspirant vos sollicitudes libérales, a voulu qu'elles présidassent
au triomphe de l'événement le plus favorable
au commerce dont l'histoire nous ait conservé
le souvenir, à l'ère de l'affranchissement solennellement déclaré du royaume d'Hayti. Quelle
source intarissable, quelle mine brillante à
exploiter que le tribut annuel de ces riches
marchés qui sans cesse reclament les fruits de
l'industrie européenne ! Jamais pays plus
fertile, plus amateur du luxe et de jouis-
sances, par conséquent plus utile au débit
des richesses de l'Europe n'aura été offert à
la libre participation du monde commerçant.

Illustres Philantropes ! c'est à vos veilles,
à vos efforts sublimes que cette époque mémo-
rable sera dûe. Oui, nous l'entrevoyons cet
avenir heureux où, grâce à votre auguste
influence, l'Ancien Monde revenu d'un système
aussi barbare qu'impolitique, et cessant d'im-
moler l'innocence sur les vils autels de l'intérêt, posera sur le sein si long-temps meurtri
d'Hayti le bouquet d'alliance et de réconcilia-
tion. Alors vos noms identifiés avec ces mots :
« *humanité, vertu* », décoreront les colonnes

de l'indépendance , ils deviendront tant en
Afrique qu'en Amérique l'expression la plus
éloquente de la gratitude générale ; même,
après que vous ne serez plus , votre douce
image, comme un bon génie, voltigera sur le
sommet de la Pyramide élevée aux bienfaiteurs
de l'espèce humaine , et vos patries rece-
vront les bénédictions de la riche vierge du
Nouveau Monde dont elles auront si géné-
reusement essuyé les pleurs, et cicatrisé les
blessures.

www.ingramcontent.com/pod-product-compliance
Ingram Content Group UK Ltd.
Pitfield, Milton Keynes, MK11 3LW, UK
UKHW020111100726
13658UKWH00005B/2102